너의 비너스가 되고 싶다

수진의 두 번째 시집
너의 비너스가 되고 싶다

초판 1쇄 인쇄	2025년 10월 17일
초판 1쇄 발행	2025년 10월 31일
신고번호	제313-2010-376호
등록번호	105-91-58839
지은이	윤수진
발행처	보민출판사
발행인	김국환
기획	김선희
편집	현경보
디자인	다인디자인
주소	경기도 파주시 해올로 11, 우미린더퍼스트@ 상가 2동 109호
전화	070-8615-7449
사이트	www.bominbook.com
ISBN	979-11-6957-399-3 03810

• 가격은 뒤표지에 있으며, 파본은 구입하신 서점에서 교환해드립니다.
• 이 책은 저작권법에 의하여 보호를 받는 저작물이므로 무단 전재와 복사를 금합니다.

수진의 두 번째 시집

너의 비너스가 되고 싶다

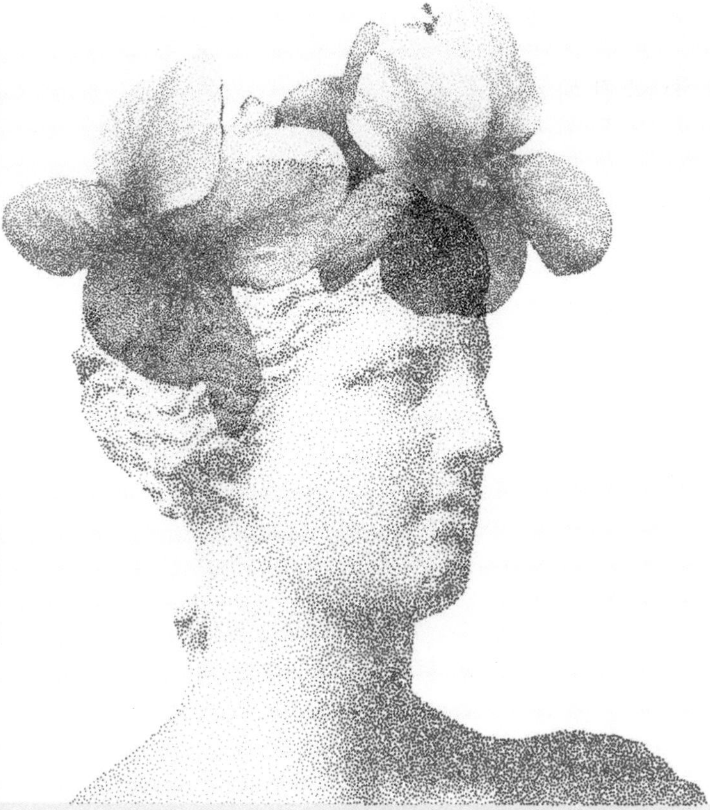

널 사랑하는 일
삶이 온전히 행복해지는 일

보민출판사

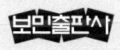

추천사

윤수진 시인의 두 번째 시집《너의 비너스가 되고 싶다》는 한 권의 시집이 곧 한 사람의 마음이 되어 다가오는 책이다. 첫 장을 펼치면 어린 시절의 기억과 동심의 세계가 아지랑이처럼 피어오르고, 장을 넘길수록 사랑의 설렘, 그리움과 애틋함, 그리고 끝내는 성숙과 깨달음이 따뜻하게 스며든다.

이 시집은 무엇보다 '순수한 마음'에 주목한다. 「봄까치꽃」에서 시인은 "둔덕에 수놓인 작고 예쁜 널 발견하고 / 너에게 반해 시간 가는 줄도 모르고"라며 어린 소녀의 시선을 담아낸다. 작은 꽃 하나에도 넋을 잃고 다가앉던 시절, 그 천진한 마음은 잊고 있던 독자 자신의 내면을 부드럽게 흔들어 깨운다. 이어지는 「산딸기」의 시편은 달콤하고 발랄한 노래로, 인생이란 때로는 그 순간의 맛과 향으로 충분히 빛날 수 있음을 보여준다.

사랑의 노래로 이어지는 제2부는 이 시집의 가장 따스한 심장이다.「내 꺼니깐 좋은 거야」에서 "넌 다 예뻐 / 넌 다 소중하고 귀중해 / 내 꺼니깐"이라는 구절은 어린아이의 고백처럼 단순하면서도, 사랑 앞에서 가장 솔직해질 수 있는 인간의 얼굴을 그대로 드러낸다. 또「너의 비너스가 되고 싶다」에서는 "보고 싶은 너 / 너의 비너스가 되고 싶다"라는 문장으로, 사랑하는 이를 향한 간절함과 순정이 별빛처럼 빛난다. 사랑은 화려한 말보다 투명한 진심일 때 가장 아름답다는 사실을 시인은 다시 일깨워 준다.

그러나 이 시집은 사랑의 달콤함만을 노래하지 않는다. 제4부 〈오!〉에서 시인은 질투와 집착, 미련 같은 어두운 감정들을 정직하게 마주한다.「질투라는 쓸데없는 짓」에서 "내가 왜 아파야 하지 / 넌 아무렇지도 않은데 말이야"라는 고백은, 상처 속에서 비로소 자신을 돌아보게 되는 순간을 담고 있다. 이는 누구나 겪어본 감정의 진실이며, 동시에 그것을 놓아보려는 용기의 기록이다. 그 과정을 지나 제5부 〈미덕〉에 이르러 시인은 삶을 축복하는 시선으로 나아간다.「안녕은 이렇게」에서 "안녕할 땐 우리 서로 / 꽃길을 열어 기쁨으로 축복하길"이라는 구절은, 이별조차 따뜻하게 감싸는 성숙한 마음의 자세를 전한다.

시집 《너의 비너스가 되고 싶다》는 삶의 모든 국면을 사랑의 빛으로 관통하는 시집이다. 꽃과 열매, 햇살과 눈꽃, 빵과 빙수 같은 친근한 사물들이 시인의 손끝에서 다정한 은유가 되고, 그 속에서 우리는 잊고 있던 마음의 온도를 되찾는다. 설레는 첫사랑의 순간부터 집착을 내려놓는 이별, 그리고 서로를 축복하며 건네는 안녕까지, 시인은 삶의 길 위에 피어난 사랑의 모든 얼굴을 따뜻하게 기록한다. 메마른 일상에서 잊혀진 감정을 다시 불러내고, 사랑이 가진 본래의 온기를 느끼게 해주기 때문이다. 사랑을 시작하는 이에게는 위로가 되고, 사랑을 지나온 이에게는 추억이 되며, 사랑을 기다리는 이에게는 새로운 희망이 된다.

시인의 언어는 독자 곁에서 조용히 손을 잡아주며 말한다. "넌 꽃이다, 넌 짝이다, 너는 있는 그대로 소중하다." 이 시집을 읽는 동안, 독자 또한 누군가의 '비너스'가 되고 싶어 하는 마음, 그리고 이미 그렇게 빛나고 있는 자신의 모습을 발견하게 될 것이다.

2025년 10월
편집위원 **김선희**

프롤로그

누군가 내게 물었다. 죽으면 당신의 비석에 무슨 글을 새기고 싶은지. 글쎄, 난 그렇게 큰 지체 없이 내 삶에 있어 가장 소중하고 기본적 가치관들인 사랑, 행복, 그리고 평화 이 세 가지 덕목을 새기겠다고 했다.

코로나19로 전 세계의 인류가 시름하고 아파하며 죽어 가던 공포의 2020년 2월 나는 하던 일을 멈출 수밖에 없는 상태로 셧다운 되었다. 육체적, 정신적, 심리적, 그리고 경제적으로 짓눌리고 위축될 수밖에 없었던 환경에서 밀려들어 왔던 우울감과 슬픔들은 층층이 아픔이 되어 삶을 고통의 나날로 순식간에 바꾸어 버렸다.

그렇게 아픔과 시름하며 5년이 흘렀고 2025년 3월 다시 따스한 봄이 찾아왔다. 마스크를 벗고 온전히 대자연과 마주하여 자유롭게 산책하고 깊은 숨 들이 쉴 수 있음에 어느

순간 나도 모르게 감격의 눈물을 흘리며 이 소중하고 평화로운 행복에 감사하고 있었다.

오롯이 도시 숲과 공원을 산책하며 자연이 주는 은혜로 아픔과 슬픔이 회복될 수 있다는 게 신기할 노릇이었다. 더 나아가 마음속 깊은 곳을 맑게 하여 잔잔하고 고요한 행복을 선사하는 대자연의 경이로움에 감동하며 시를 쓰고 있는 나 자신을 보며 스스로도 놀람을 금할 길이 없었다. 자연의 힘은 실로 위대하다는 말이 그래서 나왔나 보다.

한 번 사는 인생 온전히 내 것으로 자유롭고 평화롭게 누릴 수 있는 가치가 무엇일까? 누군가는 그랬다. 이 세상은 전부 내 것이라고. 어떤 이는 그를 향해 "제가 드디어 미쳤구나!"라고 했다. 그는 미친 게 아니라 대자연이 주는 아름다운 치유와 평화로운 선물을 두고 한 이야기였을 것이다. 누구나 자유롭게 향유할 수 있는 조용한 회복과 잔잔한 기쁨을 선사하는 대자연의 경이로움에 경의를 표한 것이라 나는 생각했다.

견딜 수 없는 우울함과 슬픔이 다가올 때, 그것이 사랑으로 비롯되든 우정으로 비롯되든 환경으로 비롯되든 자신이 가장 소중하게 여기던 가치로부터 비롯되든 그 무엇으로 비롯되든지 간에 그 감정의 소용돌이에 휘둘리지 않길 소망한다. 그 어두운 감정의 무게로 바닷속 기저의 짙은 어둠 속에서 숨도 제대로 쉬지 못하고 아파했던 시간들이 안타까울 뿐, 하등의 가치도 없는 못된 감정에 스스로 속아 맑은 이성과 소중한 감성을 버리는 어리석음을 택했던 그때의 나 자신이 바보 같을 뿐이다.

힘들 때 지혜롭지 못했던 난 쓸데없는 감정 소모로 주변 상황을 더 힘들게 만들어 버리는 그 비참함에 그 어리석은 슬픔에 매몰되어 있었다. 미성숙한 성인이란 그때의 나 자신을 두고 한 이야기일 것이다. 왜 그 순간의 감정을 그런 식으로밖에 선택할 수 없었는지 돌이켜 생각해 보니 가치를 바라보는 넓은 시선이 그때의 나에겐 없었던 것 같다. 바라보는 인생의 가치관이 달라지니 비로소 마음이 평안해졌다.

인생은 늘 순간순간의 작은 선택들로 이루어지는데 그 선택이 스스로에게 선한 것이길 바란다. 아무런 가치 없이 그저 자신을 무너뜨리는 나쁜 감정들이라면 더더욱 마음 안에 담아둘 이유가 없지 않은가. 아름다운 자연에서 비롯된 기쁨과 그 선한 축복이 주는 행복으로 슬픔이 치유되고 회복되는 복을 모두가 누릴 수 있기를 바래본다.

목차

추천사 ⋯ 4
프롤로그 ⋯ 7

제1부 동심

봄까치꽃 ⋯ 14
산딸기 ⋯ 16
건초더미 ⋯ 17
스노우엔젤 ⋯ 18
첫눈 ⋯ 19

제2부 애정

명품 ⋯ 22
뮤즈: 너의 의미 ⋯ 23
태양의 미소 ⋯ 24
체리쥬빌레 ⋯ 26
산딸기의 로망 ⋯ 27
비에누아세리 ⋯ 28
내 꺼니깐 좋은 거야 ⋯ 29
키링 ⋯ 30
너의 주머니 속으로 쏙 ⋯ 31
이불: 귀요미 ⋯ 32

내 입술이 쭉 … 33
비: 네가 오는 날엔 … 34
프로포즈 … 35
늦은 오후 버드나무 아래서 … 36
눈꽃 … 37
너의 비너스가 되고 싶다 … 38
넌 나의 비너스 … 39
바다가 하늘에게 … 41
행복 … 42
첫사랑 … 43

제3부 수련

나의 프렌치 바게트: 트와이라잇 … 46
나의 프랜치 바게트: 트러플오일 … 47
빙수가 좋아 … 48
수련 … 49
수련의 산책 … 50
매미의 열정 … 51
이불: 눈물 … 52
불꽃 수놓인 밤 … 54
너와의 순간 … 55
내 시 한잔해 … 56
존재의 의미 … 57
연주 … 58
초가을 저녁 초 … 59
비: 네가 내리는 날엔 … 61
팡오쇼콜라 … 62

제4부 오!

질투라는 쓸데없는 짓 … 64
집착 … 66
미련아 안녕 … 67
질투의 화신인가 봐 … 68
차라리 축복 … 69

제5부 미덕

신의 선물 … 72
미의 여신 … 74
넌 꽃이다 … 76
넌 짝이다 … 77
나의 집 … 78
우린 그렇게 … 79
안녕은 이렇게 … 80

제1부
동심

순애보처럼 첫눈이 동화 속
신데렐라를 꿈꾸게 한다

봄까치꽃

따스한 아지랑이
올라오는 봄날
5살 소녀가
봄마실을 가다

둔덕에 수놓인
작고 예쁜 널 발견하고
너에게 반해
시간 가는 줄도 모르고
네 옆에 앉아
한참을 바라보다

갑자기 목이 말라
집으로 들어가
시원한 물을 들이키며
너도 목이 마를 것 같아
고사리손으로 물을 떠다
너에게 부어 주었지

그런데 네가 더
싱그럽게 빛나는 거야
소녀는 만족해하며
미소를 지었어

파아란 하늘 닮은
작고 신비로운 널
그런 널 바라보며
행복했던 거야

봄까치꽃아
난 그때부터
널 보면 반가워
봄이 오는 이곳에서
널 만날 수 있어 행복해

산딸기

산기슭
비탈길 사이로
잘 익은 유월의 작은 열매
귀여운 산딸기

한 떨기
소중한 열매
귀한 너를 따서
내 바구니에 쏙 다시 쏙

바구니 가득
너를 담아
설탕을 골고루 뿌려
숟가락으로 듬뿍 떠먹을 건데

어쩌지?
내 입으로 먼저 쏙 넣어버렸네
어쩌지?
음 맛있어 다 먹어버렸네

건초더미

모네의 작품을 감상하다
나도 모르게
유년 시절의 향수에 젖었다

풍성한 가을걷이가 끝난 후
따스한 오후 햇살 아래
고슬고슬 바스락바스락

잘 마른 건초더미 위에서
나만의 아지트를 만들고
소꿉놀이를 하던 그 어린 시절

홍시처럼 익어가는
주홍빛 노을빛의
포근했던 추억 향기에 흐뭇하게 안겼다

스노우엔젤

밤새 소복이 쌓인 눈
얼마나 쌓였나?
고사리손으로 두 뼘
음 솜구름 솜사탕이다

햇살 아래 반짝이는 은빛 융단
어느새 쏙 두 손이 쏙
시원하고 포근한 눈꽃 솜
음 하늘에서 재미있는 선물이 내려왔다

뽀드득 뽀드득 밟다가
새하얀 이불 위에 눕는다
눈부시게 차가운데 소복하다
음 행복해 꿈틀거리다 스노우엔젤을 남긴다

첫눈

12월 크리스마스를 기다리는
교실 창밖으로
새하얀 눈꽃이
캐롤에 맞춰
왈츠를 추듯
하늘거리며 살포시 내려앉는다

초여름 물들인 손톱
봉선화 꽃물이
초승달처럼 남아있길
간절히 바라는 순간
순애보처럼 첫눈이
동화 속 신데렐라를 꿈꾸게 한다

제2부
애정

환한 별빛처럼 내려앉은 아름다운 너와
오늘도 이렇게 미소해

명품

한눈에
들어온 너

첫눈에
반한 너

너라는 존재
너라는 작품

떼려야 뗄 수 없는
나만의 오르세 작품

뮤즈: 너의 의미

행복이 내게로 왔다
웃을 일이 없었던 나의 일상에
지쳐가던 그런 삶 속에
네가 나의 뮤즈로 왔다

우울했던 나의 삶이
너로 인해 활기를 띠고
빛나는 기쁨이 되어 내게로
네가 나의 뮤즈로 왔다

태양의 미소

푸른 밤
저 멀리
아름답게 빛나는 건
네가 아니지

어둠 속에서
우아하게
빛을 내는 건
네가 아닌 거야

너의 빛은
온 세상이
눈부시게 밝은 날에
더욱 찬란하게 내려앉으니깐

산들거리는 나뭇잎에
내려앉은
너의 햇살이
반짝거리며 숨을 쉬고

잔잔한 호수 결에

내려앉은

너의 햇살이

반짝거리며 물놀이를 해

환한 별빛처럼

내려앉은

아름다운 너와

오늘도 이렇게 미소해

체리쥬빌레

한여름
뜨거워진 나의 속을
차갑게 식히려다

시원하고 달콤한
너를 부드럽게
한 입 머금다

나도 모르게
귓볼이 더 빨갛게
달궈져 버렸다

어느새
입 안에서
다 녹아 버렸다

너무 맛있어
끝없이 빠져들까
걱정이다

산딸기의 로망

태양처럼 붉게 타올라
너의 꿈을 꿔

시원한 소나기를 맞으며
너를 기다려

탐스럽게 잘 익은
나를 바라봐줘

달콤 새콤 맛있는
나를 채취해줘

너의 입속으로
들어가고 싶어

너의 몸속에
스며들고 싶어

너의 에너지가 되고 싶어
너의 일부로 남고 싶어

비에누아세리

갓 구운 너의 향기
버터 향이 은은하다
기쁨이 코끝으로 스며든다

집어 든 너의 조각
부드럽게 녹아내린다
미소가 입 안에 번진다

진한 커피 향이
널 또 부른다
그렇게 다시 한 조각 더

이른 아침
너와의 시간은
가볍고 향기로워 행복하다

내 꺼니깐 좋은 거야

반짝이는 눈아
네가 좋아
내 꺼니깐

향긋한 코야
네가 좋아
내 꺼니깐

붉은 입술아
네가 좋아
내 꺼니깐

복스러운 귀야
네가 좋아
내 꺼니깐

넌 다 예뻐
넌 다 소중하고 귀중해
내 꺼니깐

키링

나의 뽀로로
너의 커비

나의 딸기
너의 키티

나의 하츄핑
너의 바비

나의 둘리
너의 도라에몽

나의 마징가제트
너의 어벤져스

난 너의 미니
넌 나의 키링

미니미니
키링키링

너의 주머니 속으로 쏙

뽀로로가 되어
커비가 되어

딸기가 되어
키티가 되어

하츄핑이 되어
바비가 되어

둘리가 되어
도라에몽이 되어

마징가제트가 되어
어벤져스가 되어

너의 주머니 속으로 쏙
네 안에 쏙

들어가고 싶다
소중하게 안기고 싶다

이불: 귀요미

가볍고
포근한 널
끌어안고 잘 거야

산뜻하고
달콤한 너의 향기를
품에 안고 잘 거야

나무늘보처럼
너에게 늘어져 뒹굴거리며
네 품에서 스르르르 잠들 거야

내 입술이 쭉

너만 보면
내 입술이 쭉
이렇게 쭉 길어져

피노키오 코는
거짓말을 해서 길어지는데

난 너랑 있으면
나도 모르게
입술이 쭉 나와

그러면 넌 이렇게
'쪽' 했으면 좋겠어

비: 네가 오는 날엔

네가 오는 날엔
너의 소리에
설레이는 마음에
스치듯 창밖을 바라본다

네가 오는 날엔
너의 온도에
따뜻한 커피 한잔에
널 음미하며 너에게 젖는다

네가 오는 날엔
너의 향기에
잠시 네 생각에
널 맞으러 너에게로 간다

프로포즈

너의 향기에 취해
    반해
    이끌려
    스며들어
    물들어
    젖어들어
    용기 내어 너에게로 달려간다

늦은 오후 버드나무 아래서

부드러운 오후 햇살
길게 늘어진
너의 품속
벤치에 앉아 호수를 바라본다

금빛 물결
자유롭게 유영하는
청둥오리떼
정처 없이 이리저리 줄지어 간다

살랑이는 바람결
은은하게 흔들리는
널 바라보다
반짝이는 너의 잎에 나도 모르게 빠져든다

눈꽃

첫눈이 내리는 날
차가운 꽃잎이

이마에 닿았다
콧등에 스쳤다
두 볼에 사르르 녹았다
입술에 맺혔다

부드러운 눈꽃이
첫눈에 반한 날

너의 비너스가 되고 싶다

반가운 너
너의 개밥바라기가 되고 싶다

정다운 너
너의 금성이 되고 싶다

그리운 너
너의 샛별이 되고 싶다

보고 싶은 너
너의 비너스가 되고 싶다

넌 나의 비너스

너와 나의 거리
더 가까워질 수도
멀어질 수도 없는
정해진 거리

너와 나의 주기
서로 다른 속도
서로 다른 루틴
오랜 기다림

나의 하늘에서
가장 환하게 빛나는
달달한 달도 아닌
두 번째 행성

이른 새벽
수줍게 떠오를
너를 꿈꾸며
너에게 젖어든다

초저녁

푸른 서쪽 하늘

너를 그리워하며

올려다본다

이토록 그리운 넌

나의 금성

나의 샛별

나의 비너스

바다가 하늘에게

너와 내가 만나
파란 하늘 푸른 바다
주홍빛 분홍빛
예쁜 노을빛 물들어 가는 게
얼마나 아름다운지

너로 인해
색을 이루고
너의 온도에 따라
형형색색 바뀔 수 있음이
얼마나 신비로운지

날마다 새롭게 마주하여
숨 쉴 수 있음에
물들 수 있음에
한결같이 바라볼 수 있음에
감격하여 감동해

행복

널 바라보는 일
입가에 미소가 지어지는 일

널 좋아하는 일
마음속에 기쁨이 가득 차는 일

널 사랑하는 일
삶이 온전히 행복해지는 일

널 그리워하는 일
산책하듯 숨 쉬듯 자연스러운 일

첫사랑

첫사랑은
산뜻하게 지나가는
벚꽃의 순간이 아니다

붉게 타오르는
태양의 열정을 머금은
그런 순간이다

여름의 에너지를 가득 담은
장미 향 나는
꾸덕한 복숭아 맛이다

밤하늘의 별빛처럼
멀리 떨어져
잡을 수 없는 그리움이다

제3부
수련

물속 깊이 뿌리내리며
잔잔하게 부유하는 수생의 너

나의 프렌치 바게트: 트와이라잇

나른한 오후 도시 숲을 걷다
의자에 앉아 너를 바라본다

프린트된 무거운 용지, 너를 내려놓는다
렌즈 낀 두 눈이 뻑뻑하다 흘린 눈물에 촉촉하다
치미는 눈물에 나도 모르게 고개를 숙인다

바람이 스치며 속삭인다 '괜찮아'
게릴라성 폭우가 뜨겁게 흘러내린다
트와이라잇은 길지 않을 텐데 발걸음이 점점 무거워진다

나의 프랜치 바게트: 트러플오일

나른한 토요일 포근한 아침 햇살
의욕도 없는 네가 예쁘다

프랑스 프로방스의 라벤더 향기
랜들 알겠어 꽃향기가 나는 이유를
치즈같이 녹진한 컨디션

바쁜 나날에 겨우 쉬는 오늘
게으른 게처럼 네 옆으로 기어가고 싶은 건
트러플오일 마냥 미끄럽게 미끄럼틀 타고 싶어서이다

빙수가 좋아

팥빙수야
네가 좋아
달달해서 좋아

수박 빙수야
네가 좋아
시원해서 좋아

망고 빙수야
네가 좋아
이색적이어서 좋아

인절미 빙수야
네가 좋아
쫀득쫀득해서 좋아

눈꽃 설빙수야
네가 좋아
눈물이 꽃잎 되어 좋아

수련

생명력 넘치는
유월의 푸른 정원

물속 깊이 뿌리내리며
잔잔하게 부유하는 수생의 너
우아하게 피어오르는 수련

별빛 내려앉은 밤
조용하게 빛나는 연못

고운 잎 접어 수면하는 어여쁜 꽃
널 바라보고 있으면
여름의 고요한 향기로 수련해

수련의 산책

비 오는 여름의 아침
연못 위로 떨어지는 물꽃
참방거리는 별빛

연못 다리 아래로
초록빛 둥근 연잎
순백의 흐드러진 연꽃

맑게 피어오른
푸르른 너의 향기
신선한 공기 속 느려진 발걸음

매미의 열정

짙은 녹음 속
울려 퍼지는
너의 목소리

무더운 더위를
날려주는
너의 음성에

한여름의
뜨거운 열기를
식혀본다

너의 열정은
시원하게 쏟아지는
은빛 소나기다

이불: 눈물

그런 날이 있어
슬픈 날
울고 싶은 날

그런 날엔
너의 품속에 들어가
훌쩍이는 게 좋아

그래야 좀
마음이 가라앉고
차분하게 정리할 수 있거든

그런데 네가 없으면
더욱더 슬퍼져
흐르는 눈물이 멈추질 않아

한없이 울지 않게
네가 꼭 나를
포근하게 안아줬으면 좋겠어

그래야 멈추니

그런 날엔

꼭 내 옆에 있어줘

불꽃 수놓인 밤

맑은 밤

하늘 위로

쏘아 올린 불꽃

화려한

별빛 되어

수놓인 밤

어느새

호수 위로

내려앉은 별똥별

너와의 순간

내가 좋아했던 너와

재밌었던
향긋했던
설레었던
청량했던
달콤했던
맛있었던
기뻤던
즐거웠던
행복했던
아름다웠던

그런 순간들이 있었지
그랬었어
그런 때가 있었어
그런데 슬프게도 다 흩어져 버렸네

내 시 한잔해

우울한 날엔
내 시 한잔해

슬픈 날엔
내 시 한잔해

눈물 나는 날엔
내 시 한잔해

우리 건배할까?
행복을 위하여— 짠!

존재의 의미

왜 꼭 나여야 할까?

보고 있으면 좋아서
없으면 허전하고 그립고
널 좋아하는 데는 이유가 없다면

그저 너라서
함께 하는 것만으로도
존재 자체로 신께 감사한다면

넌 이런 날 이해할 수 있을까?

연주

늦여름
푸른 밤
찌르르르 찌르르르

풀벌레
귀뚜라미
청량한 숲속의 하모니

선선한 바람결에
너의 연주를 실어
여름의 향기를 보내고

감미로운 선율에
너의 가을을 타며
스르르르 잠에 든다

초가을 저녁 초

초저녁
시원한 소나기 지나간
촉촉한 도시 숲

가을 초
맑고 선선한 공기방울
기분 좋은 미스트

도시 숲속
푸르른 향기로
피로를 날린다

어느새 물든
어여쁜 분홍빛
노을빛 바라보며

그런 널 바라보며
걷다 보니
마음이 몽글몽글

너의 얼굴빛으로

물들어 간다

내 마음이 너에게로 간다

비 : 네가 내리는 날엔

네가 내리는 날엔
모든 게 잠잠해져

창밖으로 내리는 널
그런 널 보고 있노라면

힘들고 복잡했던 모든 것들이
보이지 않은 작은 것들까지도

잔잔하게 투명하게 가라앉는다
내려앉는다 흘러간다 잊혀진다

팡오쇼콜라

팡팡 울려 퍼지는 내 안의 팡파레
오르티세이를 가고 싶다
쇼파에 기대어 창밖을 바라보다
콜드브루 커피 한잔에, 팡오쇼콜라 한 조각에
라즈베리 한입에 이탈리아의 여행을 꿈꾼다

제4부

오!

슬픔이여 안녕
아픔이여 안녕

질투라는 쓸데없는 짓

말이 쉽지
어떻게 평온해
처음엔 힘들었어
지옥 같았단 말이야

보이지 않는
어둠 속을 헤맸으니깐
온 마음이 깨지고 무너졌지
그러다 깨달은 게 있어

내가 왜 아파야 하지
넌 아무렇지도 않은데 말이야
너라는 올무에서 벗어나
너의 새장에서 나와

자유로운 새처럼
창공을 날아올라
푸른 숲속을 거닐며
싱그러운 공기를 마실래

네 잘못은 아니지
그래 나도 알아
네가 아니더라도
얼마든지 행복할 수 있으니

질투라는 그 어두움
그 의미 없고 쓸데없는 짓을
이젠 하지 않을 거야
나도 온전히 내가 소중하니깐

집착

질투를 한다는 건
미련이 남은 것이고
집착을 한다는 것이며
여전히 사랑한다는 것이다

그래서 슬프다

미련아 안녕

미련한 마음의
또 다른 이름 집착

스스로를 지겹고
따분하게 만들어 버리는

슬픔이여 안녕
아픔이여 안녕

무거운 집착이여 안녕
우울한 미련아 안녕

이제 헤어질 시간이야
영원히 안녕

질투의 화신인가 봐

질주하지 마
투정 부려 달라질 것도 없는데
의연하게 넘기면 되는 것을

화사하고 어여쁜 네겐 어울리지 않아
신경 써서 득 될 것도 없잖아
인어공주를 부러워하는 신데렐라는 없지
가여운 인어공주는 거품처럼 사라질 테니

봐도 알면서도 모르는 너는 질투의 화신인가 봐

차라리 축복

미워할 시간에
차라리 축복을

그 나쁜 마음이
축복으로 사르르르 녹아내리게

그 시기와 질투가
축복으로 다시 스며들지 못하게

증오할 시간에
차라리 더욱더 축복을

제5부

미덕

신이 축복한 넌 있는 그대로
아름다운 꽃이다

신의 선물

천국의 행복은
순진한 어린아이의 것이다

호기심 가득한 눈으로
모든 것에 의심 없이 감탄하며 놀라는

처음 느껴보는 생소함에서
즐거움과 행복을 느끼는

큰 감동이나 동요가 없는 익숙한 중년
천국이란 그저 사치가 되어 버렸다

정말? 글쎄, 조물주와 마주하는 난
요즘도 여전히 어린아이 같은 걸

아름다운 대자연 속에서
신의 은총으로 늘 감격하고 있으니

천국의 행복은 어린아이와 같은

그 순수한 마음만으로도

얼마든지 누릴 수 있는

자유롭고 평화로운 신의 선물이다

미의 여신

열렬한 사랑만이
행복의 열쇠라
인생의 목적이라
그런 미련한 착각을
미의 여신은 하지 않는다

대자연이 주는
아름다운 선물
은은한 향수처럼

찬란하게 빛나는
인류의 경이로움
보석 같은 건축물처럼

눈앞의 현실이 되는
황홀한 별빛 쇼
불꽃축제처럼

마술 혹은 마법 같은
시간여행을 하게 하는
숭고한 예술작품처럼

기쁨을 주는 수많은 것들
행복이 가득한 보물들
그걸 발견하지 못하는
어리석은 실수를
미의 여신은 하지 않는다

삶의 이유는 차고 넘치니깐
볼거리, 놀거리, 먹을거리
읽을거리, 느낄거리, 즐길거리
인생을 향유할 줄 아는
미의 여신은 지혜의 여신이니깐

넌 꽃이다

신이 널 창조할 때
실수하지 않았다

넌 보면 볼수록 예쁜
은은한 꽃이다

넌 같이 있으면 정이 가는
귀여운 꽃이다

신이 축복한 넌 있는 그대로
아름다운 꽃이다

넌 짝이다

외롭게 홀로 남겨진 것이라
울지 않길

더 곱고 예쁘게 가꾸며
어루만져 주길

마음속 깊이 들여다보고
토닥여 주길

어울리는 반쪽 잘 찾아
보듬어 주길

짝이 맞으면
함께 걷는 길이 편하고 행복하니

넌 짝이니
짚신도 짝이 있으니

난짝의 축복을 누리는
네가 되길

나의 집

평온하고
조용하고
산뜻하고
편안하게 쉴 수 있는

따뜻하고
아늑하고
고요하고
포근하게 잠들 수 있는

불편함 없이
긴장감 없이
너로 나로
자연스럽게 하나가 되는

공기처럼
지낼 수 있는
쉼의 공간
위안이 되는 나의 집

우린 그렇게

솜사탕처럼 폭신하게

생크림처럼 부드럽게

젤라또처럼 달콤하게

스페인 레몬에이드처럼 산뜻하게

우린 그렇게

들꽃처럼 잔잔하게

푸른 숲처럼 싱그럽게

깃털처럼 가볍게

저 하늘의 새처럼 자유롭게

우린 그렇게

안녕은 이렇게

안녕할 땐
우리 서로
새하얀 도화지를
선물하길

안녕할 땐
우리 서로
미련도, 후회도, 눈물도
아무것도 남기지 않길

안녕할 땐
우리 서로
꽃길을 열어
기쁨으로 축복하길

안녕할 땐
우리 서로
온종일 잘 놀다 헤어진 친구처럼
그렇게 안녕하길